AF562697

L'ACTEUR
DANS SA LOGE,

PROLOGUE A TRAVESTISSEMENS,

MÊLÉ DE COUPLETS,

Par MM. M..... ET G.....

Représenté, pour la première fois, sur le théâtre de la salle des Jeux Gymniques, le 19 octobre 1810.

A PARIS,

Chez BARBA, Libraire, Palais-Royal, derrière le théâtre Français, n°. 51.

1810.

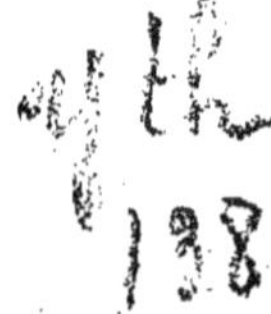

PERSONNAGES. ACTEUR.

PERSONNAGES	ACTEUR
DORVAL, comédien.	
Un Paysan niais.	*Personnages joués par Dorval.* M. *Foignet fils.*
Une Poissarde.	
Un Guerrier.	
Un Abbé.	
Le Diable.	
M. Vautour.	
Une Naine, vieille.	
Un Mamelouck.	

Personnages muets.

Angélique.
Une Habilleuse.
Un Combattant.
Un Tailleur.

La scène se passe dans la loge de Dorval.

L'ACTEUR
DANS SA LOGE.

SCENE PREMIERE.

DOVAL.

FERMONS notre porte, et voyons si j'ai bien là tout ce qu'il me faut pour paraître, sous les divers travestissemens que j'ai préparés. Le directeur de ce théâtre, et chez lequel je suis maintenant, veut m'engager pour jouer, dit-il, quelques Prologues des ouvrages qu'il se propose de donner; mais il veut connaître, avant de contracter, si je suis en état de remplir ses vues. Il sera satisfait; et je jouerai devant lui, sans qu'il s'en doute, le Prologue qu'un auteur de mes amis vient de finir, et qu'il lui destine. Il a su y employer adroitement le genre à la mode : aujourd'hui tout cède à cette magique divinité.

RONDEAU.

Air : *Contredanse.*

A jamais
Brillante de mille attraits,
La mode avec succès
Exerce son empire;
Et Paris
Centre des jeux et des ris,
A nos yeux éblouis,
Fixe ses favoris.
On la désire,
On ne respire
Que pour cet objet de délire;
Chacun le vante
Le veut, le chante,
Et tour-à-tour
Lui fait la cour.
La beauté,
D'un air flatté,
Avec ses armes,

Double ses charmes ;
Et sous ses traits
Séduisans et frais,
Vient nous blesser
Et nous fixer.
A jamais. etc.
Le goût
Partout,
Avec l'essaim des grâces
Est sur ses traces,
Et qui voudrait la fuir
Ne sait pas jouir.
A jamais, etc.

Cette loge communique à celle du machiniste, le magasinier est d'acord avec moi : je puis, sans sortir d'ici, répéter le Prologue de mon ami, et m'offrir au directeur sous sept formes différentes. Si je réussi, non-seulement je suis engagé, mais ce qu'il y a de plus flatteur pour moi, j'obtiens la main de la charmante Angélique, la fille du décorateur de ce théâtre. D'abord je me présenterai au public sous ce premier costume, et je lui dirai : (*Au public.*)

Air :

Jaloux de vous satisfaire,
En amusant vos loisirs,
Mon seul but est de vous plaire
C'est où tendent mes désirs.
Sans vouloir en rien rabattre,
Pour remplir un tel projet,
D'autres, se mettraient en quatre ?
Moi, je vais me mettre en sept.

Commençons d'abord par prendre les traits d'un des plus forts soutiens du mélodrame. (*il change en niais.*)

SCENE II.

DORVAL, *en niais.* (pleurant.)

Ah ! mon dieu ! mon dieu ! que j'ai donc de guignon ! c'est aujourd'hui la fête du village, j'accours pour y danser avec ma petite Suzon ; elle n'y est plus... C'était ben la peine de me presser si fort ?... c'est que c'est vrai... Je m'en venais tout bêtement, à mon ordinaire, en pensant à ce que je dirais à Suzon... (*riant.*) Eh! je me faisais de drôles de questions en rêvant à ça!.... si ben que j'allais, j'allais, comme un âne à qui on a lâché le licou, sans regarder devant moi... (*pleurant.*) Tout-à-coup v'là les deux pieds de devant qui me manquent, et je tombe dans une marre... qui sentait... oh! mais qui sentait, si fort!... que je crus d'abord que c'était... Y n'faut avoir que du nez pour s'assurer de ça... J'étais joli garçon!... Quand je vois ça, je n'en fais ni une, ni deux, v'là que je prends le parti... de pleurer comme un veau... c'est que je n'étais que de boue depuis les pieds jusqu'à la tête... Dans ma colère, je me suis donné plus de vingt soufflets, et autant de coup de pied dans le ventre.

Air : *Du ballet des Pierrots.*

J'criais, j'trépignais, j'fesais rage,
L'dépit me rendait furibond;
Tout c'qui s'offrait sur mon passage,
Je l'renversais du premier bond.
Là, si j'eusse trouvé la rivière
M'voyant ainsi crotté, froissé;
Je m's'rais j'té la têt' la première
De désespoir... dans un fossé.

Et c'est ce que je fis à quatre pas delà pour me débarbouiller... la pluie avait rempli d'eau une espèce de citerne peu profonde; je me dis : flanquons-nous d'dans... ça n'était pas dangéreux; je n'avais de l'eau que jusqu'au cou... je ne suis pas bête, moi, j'y resti pendant toute la matinée, d'arrache pied; et ce que j'avais prévu arriva; l'eau me débarbouillit de manière qu'à la fin du jour y n'y paraissait pus... il est vrai que mes z'hardes étaient un peu trempés...

Air : *De la Croisée.*

Mais m'couchant le ventre au soleil,
Qui certe était chaud, je m'en vante,
Je gardai, dans cet appareil
Deux heur' l'attitude constante.
On peut dire avec vérité
Que je suis un malin apôtre,
Car quand j'étais sec d'un côté
Je me r'tournais de l'autre.

Et m'v'là sec tout-à-fait.. Mais c'est c'te chaissure là, qui m'a empêché de r'joindre ma petite Suzon... moi qui l'aime tant !

Air : *Lise à quinze ans, et d'la fortune.* (De la belle Fermière.)

La mer a moins d'poissons,
Nos bleds moins d'gerbes,
La fièvre moins p'frissons,
Nos nids d'pinçons ;
Les poules ne font pas tant d'œufs,
Nos étables ont moins de bœufs,
Nos prés moins d'herbes ;
Dans les greniers font moins les rats
D'ravage,
Les galères ont moins d'forçats,
Je gage ;
Et dans l'village,
Y a moins d'amans,
Vifs et pressans,
Y a moins d'jaloux,
Moins de hiboux,
Moins de coucous ;
La Hollande a bien moins de toil',
Et le Normand moins de procès ;
L'marché d'œuf frais,
L'ciel moins d'étoiles
Que j'n'ai d'chagrin chaqu' jour
Dans mon amour. *bis*.

Les Alpes ont moins d'sapins,
Les garenn' moins d'lapins ;
La vigne à moins de bourgeons,
Nos colombiers d'pigeons.
Les hôpitaux moins de malades
Et nos jardins beaucoup moins de salades.
L'village,
Je gage,
A moins d'amans
Vifs et pressans ;
Moins de hiboux
Moins de coucous ;
La Hollande a bien moins de t'oil',
Et le Normand bien moins d'procès ;
L'marché d'œufs frais,

L'ciel moins d'étoiles,
Que j'n'ai d'chagrin chaqu' jour
Dans mon amour. *(bis.)*

Mais c'est trop m'lamenter ici, r'tournons-nous-en cheux nous.

(Il change en poissarde.)

SCENE III.

DORVAL en poissarde.

(Il a devant lui un éventaire, sur lequel sont des harengs.)

Appétit, appétit nouveau ! du gros hareng sort, du nouveau !

Air : *Voulez-vous savoir l'histoire.*

Comm' pour vendr' sa marchandise
Faut s'époumonner !
Personn', malgré que j'la prise,
Ne veut m'étrenner.
Si je n'étrangl' pas que j'meure,
Tant j'ai l'gozier sec ;
Faut que j'me r'pass' tout-à-l'heure
Queuqu' canons par l'bec.

Depuis cinq heures du matin, que je trime, rien d'vendu, c'est un sort ! ma marchandise pourtant, ça tenterait un roi... Jarni ! je suis sotte aussi, moi, avec le gozier qu'j'ai, j'aurais du m'mettre chanteuse à l'Opéra; j'n'aurais pas eu l'estomac si fatigué, et j'aurais ben pus gagné. Dam ! c'est qui y a ben pus d'casuel dans c'métier là qu'dans l'mien... Oui, mais c'est que ça n'est pas toujours l'même air qu'on chante là... Eh ben, qu'est-ce que je dis donc ? est-ce que c'est la même chose que je chante dans les rues?... Dans le printems : *les radis, les raves ! les beaux bouquets pour mettre dans les pots ! le macriau vert, il arrive, il arrive !*...et dans l'été : *les gros cerneaux ! les beaux gobets à la courte queue! v'là le plaisir des dames ! voilà l'plaisir*... Ça paraît bon à toutes ces petites bourgeoises qui n'en mangent que ce jour-là. Et pis on voit plus d'vieilles marchandes de harengs que de vieilles chanteuses. Etant actrice pourtant j'aurais eu des robes, des rubans, des dentelles, du rouge, du blanc, des plumes, des diamans, des carosses ; je vous aurais plumé mon financier tout comme une autre ! aulieu que dans mon état, je n'ai qu'l'injure du tems, la boue, la pluie, la neige... Eh ben ! qu'est-ce qu'ça fait, un instant d'plaisir au bastringue, fait oublier tout ça.

Air : *Toujours va qui danse.*

Le dimanch' dans le cabaret,
Où la foule accourt et se presse,
Il faut voir, comm' l'coup d'archet
Augmente l'allégresse !
Là, zun poing sur chaque rognon
Dans le rond je m'élance ;
Zeste ! en avant le rigodon,
Et toujours va qui danse.

Ah ! bon ! j'aperçois justement une des habilleuses du théâtre des Jeux Chimiques, faut que je l'is vende qu'euque chose. (*Une femme entre.*) M'appellez-vous, ma belle enfant ! venez j'ai c'qui vous faut... Voyez ça, ma reine, ça s'porte ben... hem ! c'est trop cher ? comben donc pour vous, mon chou?... Six liards ? allez donc la belle aux yeux hagards ! n'faut-y pas vous l'porter au septième étage ? Vous n'avez qu'a dire, on vous l'enverra avec une fronde... Tiens ! mam'zelle trognon, avec son visage à l'ognon !... si je ne me retenais, je lui flanquerais ma marchandise par l'nez... All' s'en fuit, mon ton y a fait peur ; prenons-en un autre qui fait toujours fortune auprès de la beauté.

(*il change en guerrier.*)

SCENE IV.

(*L'orchestre joue l'air* : Rien ne plaît tant aux yeux des belles.)

DORVAL *en guerrier.*

J'aperçois le combattant avec lequel le directeur m'a prévenu que je devais m'excrimer... préparons-nous à l'attaque. (*il s'arme d'un sabre. Un Combattant, armé de toutes pièces se présente.*)

DORVAL.

Air : *Prenons d'abord.*

Me voilà prêt, je vous attends,
Sans tarder, mettez vous en gar ;
Observons bien nos mouvemens,
A la mesure prenons garde.
Que notre adresse tour-à-tour
A chaque coup se renouvelle :
Un guerrier peut-il être sourd
Quand le cri du combat l'appelle ?

(*ils combattent.*)

(*Aprés le combat.*) Nous ne nous en sommes pas mal acquittés. Je suis vainqueur aujourd'hui, une autre fois ce sera votre tour. Sans rancune. (*ils se prennent la main, le combattant se retire.*) Eh ! magasinier ! magasinier ! (*un tailleur paraît.*) Aidez-moi à défaire cet habit... (*Le tailleur s'y prend mal.*) Ah ! mal-adroit que vous êtes ; comme cela, donc, comme cela ! mais vous n'y êtes pas !

LE TAILLEUR.

J'y perds patience ; j'aimerais mieux servir le diable.

DORVAL, *saisissant le Tailleur au colet, et se mettant en place pour son changement.*)

Le diable ! (*il change en diable.*)

Air : *V'là qui dégèle.*

Je suis le diable,
Voici le diable,
Oui, c'est le diable,
Et tu parles au diable.
Mais un bon diable,
Et quoique diable,
De tout còté
On me voit bien traité.

Partout on vante ou l'on prise le diable,
Sous mille aspects,
Et sous divers portraits ;
Fin comme un diable,
Fier comme un diable,
Fort comme un diable
Ou faible comme un diable ;
Maint petit diable,

Espiègle en diable,
Aux yeux trompeurs
Ont damné bien des cœurs ;
Fait
Au parfait,
Contrefait
Ou fort laid,
Toujours ma beauté plaît,
Et, femme se complait
En formant des projets
D'employer mes secrets ;
Je mérite le nom
Du vrai Caméléon.

Je suis le diable, etc.

(Le Tailleur qu'il a poursuivi se sauve. Dorval change en abbé.)

SCENE V.

DORVAL *en abbé.*

Me voici sous l'habit le plus favorable et le moins suspect : cependant le petit colet, depuis nombre d'années, a perdu de sa réputation auprès des belles ; mais songeons à ce que je ferai aujourd'hui pour paraître toujours aimable, dans le premier cercle où je me trouverai. Figurons à peu près les personnages desquels je me trouverai entouré.

C'est ici le salon ; le piano est là ; c'est fort bien... devant cet instrument sera la maîtresse de la maison : c'est l'épouse, c'est la nièce, c'est la cousine, c'est tout ce qu'on voudra. Là et là. *(il met une chaise à la place du personnage qu'il désigne.)* A sa gauche, à sa droite, c'est une amie, c'est une parente... Ici un nouvel enrichi, très-épais personnage. Il lui faut un large fauteuil. Pour l'élégante, la petite maîtresse, il lui suffit d'une chaise légère : ces êtres charmans ont le corps aussi mobile que la tête, cela ne reste jamais en place... Ici seront... oh ! ma foi je n'ai plus de siéges de libres... comment faire ? Eh bien ! le reste de la compagnie sera debout.

Une femme qui voudra que je la remarque s'écriera : savez-vous bien mesdames, que l'Abbé est poëte, et qu'il fait de fort jolis vers, pour des vers de société ?... On me priera d'en improviser, et après m'être fait prier, et avoir eu l'air de me recueillir un moment, je leur chanterai, comme impromptu, un madrigal que j'aurai retenu ou lu dans un vieil almanach. Pourvu que les vers les flattent, ils seront trouvés excellens ! Les femmes nous reconnaissent toujours pour spirituels quand nous leur adressons des louanges. Par exemple, si esclave de la mode, elle a eu le barbare courage de faire couper ses cheveux à la Titus, je lui dirai :

Air nouveau. (De M. Foignet fils.)

Ah ! laisse croître tes cheveux,
Qui, sur tes épaules charmantes,
Pour le doux plaisir de nos yeux,
Flottaient en boucles ondoyantes ;
Beaux cheveux doublent les attraits
Par leurs voluptueuses masses;
La Titus fut-elle jamais
La coiffure des Grâces ?

Longs cheveux que le dieu malin
Fait tomber sur un coup d'albâtre,
Augmentent la blancheur d'un sein
Que chez toi chacun idolâtre.
Dépouiller un front délicat,
Des tresses qu'amour y dépose,
C'est dans son plus brillant éclat
Effeuiller une rose.

Alors la maîtresse du logis me dira en préludant sur son piano : mais, l'abbé, si nous faisions de la musique ? — Madame, assurément, si vous n'en aviez point parlé on n'y aurait point songé ; on a trop de plaisir à vous voir, pour qu'on puisse s'occuper d'autre chose. Et prenant ma guittare, je lui adresserai cette déclaration indirecte, sur le joli air d'Hayden.

Air : *Je ne vous dirai pas j'aime.* (D'Hayden.)

Je ne te dirai pas j'aime,
Mes yeux le disent pour moi;

Mais le tant joli mot j'aime.
Je veux l'entendre de toi.
Bouche aimable qui dit j'aime,
Prononce notre bonheur,
Et je vois dans le mot j'aime
Tout le langage du cœur.

Mineur.

Je lis dans tes yeux
D'aimables aveux,
Quel ravissement,
Objet tendre et séduisant !
Cède en ce moment
Au plus doux penchant ;
Quand on sait charmer,
On doit savoir aimer.

Je ne te dirai pas j'aime, etc.

Encore quelque moment d'étude sur ce morceau, et j'espère qu'on m'entendra avec indulgence.

SCENE VI.

DORVAL, ANGÉLIQUE.

Ma chère Angélique, je suis prêt de vous obtenir ; votre père ne peut se refuser à me donner votre main, puisque j'ai souscrit à faire devant lui et le directeur les travestissemens qu'il m'avait indiqués. Donnez-la moi cette main que je la couvre de baisers. (*Angélique se sauve.*) Elle me fuit ! aurait-elle aperçue son père ? Montrons-nous à lui sous un autre costume. (*il change en M. Vautour.*)

SCENE VII.

DORVAL en M. Vautour, *un pot au lait à la main. Parlant à la cantonade.*

Un instant donc, madame Vautour, quand vous crierez comme cela... la foire n'est pas sur le pont. (*En regardant en arrière il fait un faux pas et tombe, le pot au lait se casse.*) Ah ! mon dieu ! en voilà bien d'une autre à présent, joli commencement de journée ! ces choses là n'arrivent qu'à moi...

Air : *Autrefois avant ma fortune.*

La vente du lait est finie,
Il n'en reste plus un poisson,
Toute ma monnaie est partie
Et me voilà joli garçon !
C'est au moins un sou sur mon âme
Qu'en un clin d'œil j'ai là perdu ;
Ah ! bon dieu, que dirait ma femme
En voyant son lait répandu ?

(*il se relève en s'essuyant.*)

C'est que j'en ai la figure toute pleine... J'en irai chercher à crédit au café du coin, où l'on me connaît... Voyons au moins si le reste du déjeûner est intact. (*il tire deux flûtes de sa poche.*) Dieu merci elles sont entières... Mais voyez donc à quoi tiennent les événemens !...

Air :

Ce que c'est qu'être trop ingambe !
Et courrir ainsi qu'un enfant ;
Je pouvais me casser la jambe ;
Vraiment je suis trop pétulant.
Moi qui n'aime pas les disputes,
Fortune ! combien je te doi !
Car si j'avais cassé mes flûtes
Comment rentrerais-je chez moi ?

Ma femme est si douce ! elle m'arracherait au moins les yeux... Mais qu'est-ce que j'ai donc fait au ciel pour m'affubler d'une femme comme cela, et me faire faire un état auquel je n'entends rien. Là... vendre des étuis et des lunettes ! sur ce quai des Morfondus !...

Air : *Vaud. de M. Guillaume.*

J'avais quitté la parcheminerie
Et je vivais en modeste rentier ;
Mais le diable un jour me marie
Avec la veuve d'un gaînier.
Gaînier moi-même en dépit qu'on me blâme,
Je me vis, dès le lendemain
Par mon état ainsi que par ma femme,
Toujours dans le chagrin. *bis.*

Tout cela ne me serait pas arrivé, si cette petite laitière avait voulu de moi dans le tems. Mais ce jeune peintre, qui était mon locataire, lui avait donné dans l'œil. Ah! (*Il soupire.*) c'est donc pour vous dire... malgré cela je l'aime encore, et si elle voulait, je sens que... Ah! ah! ah! qu'est-ce que je dis donc là?... quoi je pourrais oublier la foi conjugale?... Dieu des amours, voilà vos tours!... Allons, allons, chassons ces mauvaises pensées là et contentons-nous du souvenir...

Air : *Du séducteur en voyage.*

Dans mon extase encor je voi
L'endroit où chantant à merveille,
Assise entre son âne et moi
La belle me prit par l'oreille.
O souvenir! qui trop me plait!
J'oublie en un moment si tendre,
Que mon épouse attend son lait...
Ne la faisons pas attendre.

C'est donc pour vous dire...

(*il change en vieille Naine.*)

Air : *La sagesse est un trésor.*

Ah! quelle perversité!
Plus de mœurs
Plus de sagesse,
Plus de mœurs
Plus de sagesse.
Tous les cœurs
En vérité
Hélas! n'ont plus de simplesse.
Partout la scélératesse
Se montre avec hardiesse
On ne rencontre sans cesse } (*bis.*)
Que détour et fausseté. }
Plus de mœurs
Plus de sagesse
Ah! quelle perversité!
On ne rencontre sans cesse
Que détour, que fausseté
Plus de mœurs
Plus de sagesse
Plus de mœurs } (*ter.*)
De probité }

La plaie, hélas ! qu'à mon cœur
A fait un vil séducteur,
Loin de se fermer s'augmente
Chaque jour pour mon malheur ;
Je pleurs et je me lamante,
Et j'aime le suborneur.
Mais il faut dans ma fureur,
Que j'exhale ma douleur ;
Traître ! si je te tenais,
Ici je te donnerais,
Avec plaisir, vingt soufflets...
Mais...

Ah ! quelle perversité, etc.

Ah ! qu'une vielle fille, et surtout amoureuse, est à plaindre !

(*Il change en matelot Alexis.*)

Me voici prêt à remplir mon rôle d'Alexis, de cet heureux matelot, qui a si heureusement échappé au n'auffrage avec son illustre capitaine.

Air : *Pégaze est un cheval qui porte.*

Je vais auprès de Lapeyrouse,
Enfin dans ce lointain pays,
Lui voir retrouver une épouse,
Et m'en chercher une à Paris.
Car en faisant le tour du monde,
Je trouverai moins de beautés,
Qu'ici le plaisir à la ronde
N'en offre à mes yeux enchantés. *bis.*

SCENE VIII ET DERNIÈRE.

DORVAL, ANGÉLIQUE, *une lettre à la main.*

Une lettre, ma chère Angélique ? et de qui ?

(*il prend la lettre et l'ouvre.*)

(*Lisant.*) Je vous ai vu faire vos travestissemens, je suis satisfait. Mon décorateur vous accorde sa fille. (*S'interrompant.*) Ah ! quel bonheur ! (*Continuant de lire.*) Hâtez-vous d'aller remplir votre rôle dans Lapeyrouse, qui va commencer. Je ferai votre engagement après la représentation, si vous obtenez du public qu'il le ratifie.

DORVAL, *au public.*

Air : *De la sauteuse.*

Dans un coin l'auteur
Attend son succès ou sa chûte ;
Mais de sa culbute
Ah ! sauvez lui jusqu'à la peur.
Heureux de vous voir
Applaudir sa pièce nouvelle,
Sur moi, sur mon zèle
Il a fondé tout son espoir.
Quand, dans maint emploi
J'ai fait ici tout pour vous plaire ;
Messieurs, daignez faire
Aussi quelque chose pour moi.

DORVAL.	ANGÉLIQUE.
Quand, dans maint emploi	Quand dans maint emploi
J'ai fait ici tout pour vous plaire,	Nous cherchons chacun à vous plaire,
Messieurs, daignez faire	Messieurs, daignez faire,
Aussi quelque chose pour moi.	Pour lui beaucoup, un peu pour moi.

FIN.

VARIANTE.

L'acteur de province qui désirerait jouer cet ouvrage, peut le terminer aissi qu'il suit, après le couplet de la vieille.

SCENE VIII ET DERNIERE.

DORVAL, ANGÉLIQUE, *une lettre à la main.*

DORVAL.

Une lettre, ma chère Angélique, et de qui ? Attendez.. (*Il change en habit de ville.*) Me voici sous un costume plus convenable à la situation. Donnez, chère Angélique. (*il prend la lettre et lit.*) Je vous ai vu faire vos travestissemens, je suis satisfait. Mon décorateur vous accorde sa fille. Ah ! quel bonheur ! (*continuant de lire.*) Je ferai votre engagement aujourd'hui, si vous obtenez du public qu'il le ratifie.

(*Au Public.*)

Dans un coin l'auteur, etc.

www.ingramcontent.com/pod-product-compliance
Lightning Source LLC
LaVergne TN
LVHW010337230826
846091LV00009B/3909

* 9 7 8 2 0 1 9 2 4 6 4 5 7 *